三國風雲人物傳 ②

諸葛亮的神機妙算

宋詒瑞 著

新雅文化事業有限公司
www.sunya.com.hk

目錄

人物介紹

諸葛亮

三國時期蜀漢的丞相，傑出的軍事家、政治家。年輕時隱居隆中，人稱「臥龍」。足智多謀、膽識過人，為劉備出謀獻策，實現三國鼎立的局面。

劉備

三國時期蜀漢的開國君主。與張飛、關羽結為異姓兄弟。待人寬厚、謙恭，深得人心。

曹操

三國時期的軍事家、政治家、詩人。文武雙全，性格豁達、自信，行事果斷。

關羽

蜀國五虎將之一,與劉備、
張飛結為異姓兄弟。性格勇
猛剛毅,為人忠義雙全。

張飛

蜀國五虎將之一,與劉備、
關羽結為異姓兄弟。性格急
躁、容易衝動。

周瑜

孫權陣營的重要統帥。儀表
出眾,聰明能幹,常與諸葛
亮鬥智鬥力。

司馬懿

三國時期魏國的權臣、政治
家和軍事家。善於用兵、深
謀遠慮,極有智謀。

輔佐蜀主盡心力

── 奪得荊益 ──

東漢建安十三年（公元208年），曹操在**赤壁**被孫權和劉備聯手打敗後，損失了一半人馬，他留下曹仁駐守江陵、樂進守住襄陽，自己回北方了。

諸葛亮和劉備商議下一步該怎樣做。諸葛亮說：「現在形勢大好，我們要乘勝擴大戰果。看來東吳也不會停下腳步的，下一步就是從曹操手中奪回荊州了。」

　　果然是這樣，孫權派周瑜、程普為左右都督，率領將領和士兵攻打南郡。他自己要去打合肥，就要求劉備從江夏出兵配合作戰。

　　荊州劃分為七個郡，最北邊的是南陽郡，就是諸葛亮隱居的隆中所在地；下面是南郡、江夏、武陵、長沙、桂陽、零陵。

　　諸葛亮對劉備說：「目前我們的兵力還不足以獨力對付曹軍，與孫權聯合是上策。正好他也希望我們配合他，我們就這樣做吧。」

　　「可是我們的士兵人數太少，調配不開啊！」劉備歎道。諸葛亮**獻計**

道：「這樣吧，我們派張飛將軍到周瑜帳下聽從調遣；再答允東吳說可派關羽將軍配合他們攻打南郡，從東面攻打曹軍支援南郡曹仁的人馬，切斷江陵與襄陽之間的聯繫。但是告訴孫權說我們兵力不足，請求以一千士兵換他二千人，才能完成此任務。」

「好啊，我看這個辦法可行，孫權不會拒絕。」劉備說。孫權同意這樣做。劉備補充了少量兵力後，就派關羽去執行切斷任務。

周瑜和劉備合力攻打南郡。周瑜手下將領僅以幾百兵馬偷襲夷陵成功，兵力擴大到一千餘人。周瑜乘勝

率軍攻打江陵，他親自出陣，但被一
支飛箭射中右邊肋骨，只得退回。曹
仁認為周瑜負傷是個進攻的好機會，

就帶兵出擊，卻不料周瑜突然現身陣前指揮作戰，吳兵士氣大增，曹仁只好退了下來。

曹軍的幾個將領都來增援曹仁，關羽遵照協議帶兵去阻擊。曹兵多數騎馬，關羽在路上布置了鹿砦作路障，成功拖慢了騎兵的前進。

曹仁與周瑜對峙了一年多，曹軍死傷很多，損失慘重。曹仁覺得實在守不住了，便棄城退到襄陽。東吳便佔有了南郡。

趁東吳與曹軍對戰期間，諸葛亮向劉備出計：「這是好機會，可以去攻打荊州南面的幾個郡，那裏現在無

戰事。」劉備親自率領趙雲等將領去攻打南荊州，諸葛亮駐守大本營打理軍需事項，支援劉備。

東吳攻下南郡後，魯肅向孫權建議把南郡借給劉備，目的是想讓劉備來抵擋曹操，孫權自己專注攻打合肥。史稱「**劉備借荊州**」實際就是借南郡。劉備答允借到荊州站穩腳後去攻打西川，然後就把荊州歸還給東吳，雙方簽了契約。劉備得到荊州後把治理中心設在南郡公安一地。有此基地後，劉備就很順暢地打下南面的武陵、長沙、桂陽、零陵四郡，作為自己的據點；並任命諸葛亮為軍師

中郎將，督率三郡軍隊，負責徵收稅項充實軍資。這樣，除了最北面的南陽郡之外，荊州七郡中劉備已得到六郡，基本上已經掌握了荊州。

漢寧太守張魯的勢力範圍在漢中一帶，他**野心勃勃**，想取得西川稱王，要與曹操對抗。益州牧劉璋知道後，派大臣張松去結交曹操以抗衡張魯，但是驕橫的曹操趕走了張松。張松就順道來荊州試探劉備。

諸葛亮對劉備說：「這又是天賜主公的一個好機會！要以厚禮接待張松共謀大事。」

張松受到劉備的厚待，認為這是

可以依靠的一股力量。便向劉備獻上
西川地圖，希望他入川協助劉璋抵禦
張魯及曹操。

　　懦弱的劉璋在張魯和曹操強大的軍事威脅之下**束手無策**，接受了張松的建議，迎接劉備進入西川。劉備屯兵葭萌關，諸葛亮和關羽鎮守荊州。後來劉備回攻劉璋，諸葛亮和張飛、趙雲等率兵沿江而上，攻佔了各郡，再和劉備一起圍攻成都。成都平定後，劉備任命諸葛亮為軍師將軍，每當劉備外出，諸葛亮就鎮守成都，兵馬糧草都很充足。

　　至此，諸葛亮與劉備**隆中對***時策劃的戰略步驟，都已基本落實。

*欲知諸葛亮與劉備隆中對的故事，請參見《三國風雲人物傳1：隱世高人諸葛亮》。

——氣死周瑜——

在此期間，周瑜和諸葛亮之間還發生過一些鬥智的事件。

東吳主帥周瑜原本就聽說諸葛亮是個奇才，從**草船借箭**和**祭壇借東風**兩件事上，更親眼目睹了諸葛亮如

何施展聰明才智，談笑風生之際戰勝了敵方。周瑜也是個不平凡的人物，長得**風流瀟灑**、**聰慧機智**、**文武雙全**，是眾人眼中不可多得的傑出人才。但是他年少氣盛、肚量不大、胸襟不夠寬廣，容不得別人勝過自己。眼看諸葛亮的才智過人，周瑜擔心日後他必定是東吳平天下的一大障礙，所以幾次設計想除掉他，但是都沒成功。

＊　　＊　　＊　　＊

劉備從東吳處借到荊州後，有了比較穩固的立足地，漸漸發展了實力，孫權多次催還荊州，劉備都沒

理會。建安十四年，劉備的甘夫人去世，周瑜就心生一計，要孫權假意把妹妹嫁給劉備，引誘劉備來東吳扣押他做人質，逼他歸還荊州。

劉備與諸葛亮商量説：「這明明是周瑜出的主意，設計要討還荊州，不能上當。」

諸葛亮笑道：「主公不必擔心，儘管前去成親。我們將計就計，讓孫權**賠了夫人又折兵**。」

劉備帶領趙雲等五百人去東吳。臨行前，諸葛亮交給趙雲三個**錦囊**説：「裏面有三條妙計，你以此行事。」

　　船到東吳，趙雲打開第一個錦囊看後，吩咐五百士兵大張旗鼓地去購買婚禮用品，並到處宣傳說劉備入贅東吳之事。趙雲陪着劉備帶着厚禮去拜見周瑜的丈人喬國老。喬國老對劉備很滿意，就向孫權的母親吳國太道賀。吳國太知道這是孫權的政治手段後大怒，約在甘露寺見見劉備。一見之下她很喜歡這位上門女婿，就催孫權辦了喜事。

　　周瑜失策後，再生一計——把劉備夫婦的生活安排得妥妥貼貼、豪華舒適，讓劉備一心享受**新婚燕爾**之樂，不想回去蜀國，以此企圖疏遠劉

備與諸葛亮。

　　趙雲心中着急，便打開諸葛亮的第二個錦囊，看後便裝作驚慌的樣子去告訴劉備：「軍師派人送信說曹操帶領五十萬大軍直奔荊州，請主公速回！」

　　孫夫人與劉備很恩愛，同意一起回荊州。於是夫妻倆以元旦日拜祖為名辭別了吳國太，偷偷出了城，由趙雲帶兵接應，護送回家。孫權和周瑜得到消息後派兵追趕，此時趙雲打開第三個錦囊，妙計是要劉備把孫權和周瑜以許親為名想奪回荊州之事告訴夫人，與夫人商量對策。夫人知道後非常生氣，大罵周瑜騙她作政治交易，斥退了追兵。

　　諸葛亮親自坐船來接劉備夫婦。船行不久，周瑜也乘船追來。諸葛亮等上岸趕路，周瑜也上岸，但遭到關羽等將領圍攻，吳軍大敗，周瑜只得

坐船回逃，只聽見岸上士兵大喊：「周瑜妙計落了空，賠了夫人又折兵！」氣得周瑜**急火攻心**，口吐鮮血昏了過去。

＊　　＊　　＊　　＊

取不回荊州，周瑜很不甘心。他又派魯肅去索討。

魯肅對劉備說：「主公成婚後，和東吳是一家人了，現在主公可以去攻佔西川，把荊州還給我們吧。」

劉備按照諸葛亮事先告知的做法，立即**嚎啕大哭**說：「西川劉璋是我皇室宗親，我怎忍心去打他？我還了荊州，就沒有立足之地了，叫我怎

麼辦呢？」

魯肅不忍再逼，回去告訴周瑜。周瑜說：「你又上當了，這肯定是諸葛亮教他的。這樣吧，劉備不忍心打西川，你去告訴他，我們東吳去打，路過荊州時要劉備給我們補充軍糧馬草，我們乘機就把他殺了！」

諸葛亮深知這又是周瑜想的一條計策，便叫劉備答應了下來。

周瑜親自帶領五萬大軍前往荊州，到了城門口不見有人來迎接。忽然只聽得戰鼓一響，趙雲手持弓箭出現在城門上，關羽、張飛等將領率軍隊四路殺過來包圍了東吳軍，大喊要

活捉周瑜。周瑜知道中了計，大叫一聲，口吐鮮血，舊傷復發，昏死過去。醒來後聽說諸葛亮和劉備在喝酒取樂，氣得周瑜決心要去攻打西川，卻又接到諸葛亮給他的一封信，提醒他說攻西川不易，要提防曹操乘機攻打東吳報仇云云。周瑜看完信知道自己鬥不過諸葛亮，提筆寫了封遺書給孫權，長歎一聲「**既生瑜，何生亮！**」憤然離世，年僅三十六歲。

諸葛亮去東吳弔喪，在周瑜靈前痛哭倒地，並讀了一篇情真意切的祭文，感歎從此失去一位懂得他的知音。

接受托孤

當年在襄陽與諸葛亮齊名的鳳雛先生龐統，人有奇才，但長得粗魯，令人初看沒有好感，所以在曹操和孫權那裏都沒受重用。諸葛亮去東吳弔喪之際，正好在坐船時遇到他，知道他正閒着，就介紹他到劉備這裏。劉備起初只安排他去當一個小縣令，諸葛亮知道後對劉備說：「人不可貌相，龐統有智慧，善出奇謀，不可小看他。」劉備就請回龐統，任命他為副軍師中郎將。龐統與諸葛亮一起輔佐劉備攻打西川。

劉璋的幕僚法正也是個善於出謀

劃策的智慧人物，他後來離開劉璋投向劉備。在劉備平定益州的戰役中，與龐統一起擔任參謀，攻下益州後被任命為蜀郡太守。後來在對抗曹操的幾場戰鬥中，他的表現都很出色，諸葛亮對他評價很高。

　　劉備有了諸葛亮、龐統、法正等重臣的協助，發展順利。攻下成都

後劉備任命諸葛亮為軍師將軍，賞金五百斤、銀千斤、錢五千萬、錦緞千匹。建安二十四年（公元219年）曹操侵犯漢中，諸葛亮調兵支援劉備，劉備大勝。七月，劉備自稱漢中王。

公元220年，曹操離世，曹丕**篡權建魏國**，自立為魏文王。諸葛亮等大臣勸劉備也稱帝，劉備起初不答應，諸葛亮再次勸説：「當年劉秀也是個仁義忠厚的人，深得民心，打敗了王莽、王郎等想篡權的人，還不想稱帝。多得大將耿純勸説，劉秀才登基建東漢。他賢明治國十二年，國泰民安，才有了『光武中興』的局面。

這不是您主公的榜樣嗎？」

於是劉備才同意，於221年稱帝，國號為漢，任命諸葛亮為丞相。

次年，東吳聯合魏國攻佔了荊州，劉備親率大軍東征，想奪回荊州。諸葛亮勸阻說目前發兵東吳萬萬不可，但是劉備一心要為麥城兵敗遭吳軍殺害的關羽父子報仇，聽不進去。孫權派了個小將陸遜來迎戰，居然把蜀軍打得很慘。陸遜追到江邊，進入諸葛亮入川時布置的**八卦陣**，只見亂石多堆，殺氣很重。進入石陣，耳邊聽到洶湧江水發出雷鳴般的轟隆聲，迎面陣陣風沙迷眼，使人辨不清

方向，陸遜只得退兵。因此劉備得以脫身，敗退到白帝城的永安宮。戰敗加上結義兄弟關羽和張飛相繼戰死，劉備心情憂鬱得病。223年2月，劉備病重，自知時日無多，便召諸葛亮從成都趕到永安。

躺在病榻上的劉備對諸葛亮說：「先生的才能十倍於曹丕，你一定能完成安定國家的大業。如果繼承我的劉禪可以輔佐，就輔佐他；如果他不成才，先生可以自己定奪。」

諸葛亮聽了留下眼淚說：「臣一定盡自己的力輔佐，以忠貞之節氣報效，一直到死！」

　　劉備又把兒子劉禪召到面前對他

說：「你要跟着丞相辦事，對他如同

父親那樣。」

　　四月裏，劉備逝世，享年六十三。

諸葛亮全力協助後主劉禪辦理喪事，他

對後主說：「先帝生前仁厚樹德，威震

天下，現因病於本月二十四日離世，全宮上下悲痛哀哭，如同喪失了自己的父母。先帝留下遺詔，關係到國家利益的大事，令人動容。現全民哀悼，滿三天後除喪服，到安葬日再按禮節辦理。各個郡的太守、相、都尉、縣令長三天後便除喪服。臣本人受戒律約束，敬畏神靈，不敢違背禮節。請後主宣告全國奉行。」五月，劉備遺體運回成都下葬。

十七歲的劉禪於五月繼位，封諸葛亮為武鄉侯，特設丞相官府辦公。後來又任命諸葛亮為益州牧。內政上的大大小小事務，劉禪都聽諸葛亮安排，由諸葛亮決定。

南征平叛收孟獲

─── 三郡叛亂 ───

劉備逝世後，蜀國一度遭受**叛亂**的威脅。南部邊境的三名太守──雍闓、朱褒、高定聯手與南蠻王孟獲起兵叛亂。三人中只有朱褒是蜀漢政府指派的地方官員，雍闓是好幾代移居南郡的豪門，高定是真正的南蠻夷族。雍闓和高定素來對蜀漢政權心存敵意，當曹操南下攻打南郡時，高定就**蠢蠢欲動**了；雍闓是趁蜀漢失去荊州之際，殺了益州太守，發動叛變。

他一邊投靠孫吳，一邊拉攏孟獲，鼓動他煽動一些西南部族起來反蜀；朱褒是等到後主即位後才以太守身分起兵叛亂。

劉備剛逝世時，諸葛亮無暇顧及這些南蠻的叛亂，先不加理會。這三人的叛亂其實並沒有共同商議制定的計劃，只是面對共同的敵人各行其是。諸葛亮並沒有很重視這股勢力，預料他們來日不長，並派了幾人潛入其中施行**離間計**。果然，雍闓想取得高定的支持，請孟獲做說客前去談判，但是雙方意見不合，不但沒有談攏，還打了起來。雍闓被高定的部下

殺死，孟獲趁機接收了雍闓的兵馬，擴充自己的勢力。

諸葛亮辦完了劉備的後事，就對後主說：「現在先主已落葬安息，臣要騰出手來處理南蠻之事了。日後要北上征伐對抗曹魏收復漢室，必須先解決南蠻問題，南邊若繼續騷亂，會牽絆了我們的手腳。」

後主也說：「丞相說得有理。南蠻幾個部族很不安分，是我們的心頭之患啊！丞相打算如何處理？」

諸葛亮說：「我要親自帶軍出征，重要將領都編排參戰，隊伍的氣勢要浩大，先聲奪人。」

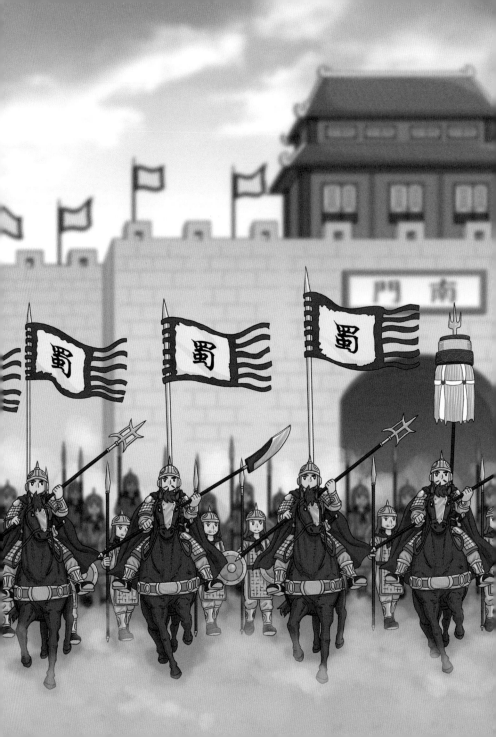

建興三年（公元225年）諸葛亮親自率軍南征。後主贈他金製斧鈇鉞一副、華麗的車用曲蓋一個、儀仗隊的前後鼓吹各一部、武士六十，**威風凜凜**地出征。

蜀漢的軍隊翻過人煙稀少的山嶺、渡過波濤洶湧的瀘水，進入南中四郡作戰。戰事非常順利，春天出征，年底就勝利回朝。高定、朱褒及其他南蠻部族被打得**落花流水**，紛紛向蜀漢稱臣，而蜀漢將領卻無一陣亡。後人形容此次平定南蠻叛亂好像切菜一樣，稀里嘩啦就解決了一切。

剩下的就是號稱南蠻王的孟獲

了。諸葛亮事先向多方了解此人的詳情，做到**知己知彼，胸有成竹**。孟獲本是三國時期益州人，是南中的一方豪強，可算是夷化了的漢人。他長得孔武有力，在南蠻中很有號召力，不時成功調解原住民與遷入漢人之間的矛盾，成為南蠻的首領人物。雍闓死後孟獲還在召集其他部落侵擾蜀漢。他趁蜀國元氣大傷之時，煽動羣眾殺死了蜀國派去的官員，公開發動武裝叛亂，控制了南部不少土地，威脅到蜀漢政權。所以諸葛亮下一步征服南蠻的主要目標，就是要收服這個蠻族之王，消除後顧之憂。

七擒七縱

孟獲所在的南中是現今雲南、貴州一帶的蠻荒之地，氣候陰濕，少見陽光，熱帶叢林裏瘴氣瀰漫，這樣的地形和氣候給蜀軍的行動帶來不便和困難。諸葛亮正在營中考慮行動計劃時，軍事參謀馬謖入來見他。諸葛亮一向很重視他的見地，就問他：「今入蠻地與孟獲作戰在即，參謀有何高見？」

馬謖很誠懇地答道：「孟獲所在地**形勢險要**，人心一向**偏離漢室**，今日征服了他，明日恐怕又要作反。古代兵法皆說：『用兵之道是攻心為

上，攻城為下；心戰為上，兵戰為下。』希望丞相這次要使孟獲輸得口服心服，徹底解決夷族問題，為日後北伐解除憂患。」

諸葛亮很高興地說：「參謀真是說到我心坎上了，我也是如此想的，這次要對他來一場心戰。」於是諸葛亮任命馬謖為參軍，一起出征。諸葛亮並下令眾將領，捕捉到孟獲不准殺害，一定要**活捉**了來見他。

*　　*　　*　　*

孟獲知悉諸葛亮親領大軍南征，**一路所向披靡**，不得小覷，也就親自帶兵上陣。他起初看了看蜀兵軍陣，

認為沒什麼了不起，心裏就輕敵了。結果首戰與王平交手，王平假裝後退，把孟獲引到狹窄的山谷，趙雲迎面前來攔截，孟獲想翻山而逃，被埋伏在此的蜀軍活捉。

諸葛亮設宴招待俘虜，飯後對他們說：「你們都是來自普通百姓家的良民，你們的家人都盼着你們回家，你們願意回家的就走吧！」並發給他們糧食和錢，俘虜們都感激不盡。

孟獲被綁着帶到諸葛亮跟前，他以為自己這次必死無疑。想不到諸葛亮親自為他鬆綁，說：「蜀漢待你不薄啊，為什麼要反朝廷呢？」然後還

領着他參觀蜀軍軍營，問他覺得蜀軍
怎麼樣。

孟獲見蜀軍軍營整肅，士氣旺
盛，心中暗暗吃驚，但他仍很不服氣

地回答說：「這次我是因為不知你們的虛實，中了你們的計才被捕捉的。若是再打一次，我定會贏了你們。」

諸葛亮笑道：「好吧，我放你回去，你準備好後再來和我們打吧！」

孟獲回去後**重整旗鼓**，加固土樓，打算以炎熱的天氣和瀘水天險來取勝。他嚴懲了一個被諸葛亮放回的戰敗將領，那將領心生怨氣，索性帶領士兵闖進孟獲帳營，把他綁起獻給諸葛亮。

諸葛亮問孟獲服不服氣，孟獲當然不服氣，說：「這次是我被手下所害，怎能心服？若是我有機會和你交

戰，戰敗了我才服氣。」

「好吧，我再放你一次！下次被我捉住，就要對你不客氣了！」諸葛亮款待了他，果然又放了他。

孟獲回去對弟弟孟優説：「我已兩次見到了蜀營的虛實，我們也要**動動腦筋**來一次智取。」

兩人嘀咕了好久，想出了一條計策。

過了幾天，孟優帶了一些珠寶和百餘名士兵來見諸葛亮，説是哥哥差遣他來報答不殺之恩。諸葛亮料到這是孟獲想讓弟弟先潛入蜀營，以便作裏應外合的進攻，所以用下了蒙汗

藥的酒菜招待他們。孟優一行人飯後呼呼入睡,當孟獲帶兵分三路來進攻時,反被早就埋伏好的蜀軍打了個措手不及,孟獲又被活捉了。

孟獲在諸葛亮面前還是不服氣地說:「這次是我弟弟大意了,我還沒有拿出真本事呢!若是你我大戰一場時你捉到了我,我才會**死心塌地**投降。」

諸葛亮說:「好,你就再試試吧,把你的本事都拿出來,看看是否有用。」

第四次,諸葛亮親領大軍在瀘水河邊紮營,任憑蠻兵如何挑釁,就是

巍然不動。多日後蠻兵士氣低落、鬥志鬆懈了，諸葛亮才下令幾路包抄，用火攻把十萬蠻兵逼入林中無路可退。孟獲被抓後見到諸葛亮就大喊：「這次誤中了你的詭計，我是死不瞑目的！再給我一次機會，我會報這四次戰敗之仇！」

「可以啊，你是**不撞南牆不回頭**，就讓你撞個夠，撞到你心服口服！」諸葛亮說。

孟獲對諸葛亮說，假如諸葛亮能抓到他七次，他才真正服了。諸葛亮答應給他七次機會。如此雙方又交鋒了兩次：孟獲向鄰近部落借兵，又採用了派刺客假投降等策略，但還是沒能成功。

火燒藤甲兵

孟獲第六次被捕後又被放回，他下定決心這次要賠上全部身家**破釜沉舟**打一仗，一定要贏了這第七次對戰

來挽回自己的面子。他收拾了殘部，又去請鄰近的烏戈國幫忙。烏戈國主兀突骨帶來三萬名**藤甲兵**參戰。

這藤甲兵是烏戈國的特色兵種，士兵們身穿一種特製的藤甲。這可不是用普通的藤所製成的，這種藤經過加工處理後用桐油浸泡半年之久，再在陽光下晾曬十幾遍，因此堅韌無

比，據說穿在身上刀槍不入，非常厲害。

蜀軍將領們聽說孟獲借來了藤甲兵，個個**面露懼色**，覺得難以對付。諸葛亮説：「沒什麼可怕的，這種藤甲有其優點，但也具致命弱點——浸過桐油的藤甲最怕火，一點就着。我們就利用這點來攻破他們。」

交戰那天，諸葛亮令魏延領軍出戰，要他與對手交手幾個回合後假裝敗陣逃跑。兀突骨本以為屢戰不敗的蜀軍很厲害，現在看來也不過如此，一戰就敗，就帶着藤甲兵窮追不捨，想一鼓作氣打場勝仗。按照諸葛亮的

安排，藤甲兵被引入一座名叫盤蛇谷的山道，此時諸葛亮下令把山谷頭尾兩端封住，以重兵把守；再往山谷中投入火種，霎時間**火光熊熊**。桐油浸透的藤甲是易燃物，一着了火就迅速蔓延到全身，士兵脫身不得，被燒得哇哇直叫。諸葛亮站在對面山頭觀看，只見谷內一片火光飛舞，藤甲兵在與火神搏鬥，個個被燒得四肢痙攣，慘叫哀嚎，聞者心驚。兀突骨和他的三萬士兵就這樣被活活燒死，無一倖免。首領一死，烏戈國也因此亡了國絕了種。

當時的情景慘烈，在場的蜀將都

心感悽愴。連諸葛亮看了都流淚説：
「我雖有功，但必定折壽也！」

藤甲兵全軍覆沒，孟獲也就打
不下去了。他被押到諸葛亮跟前，這
次諸葛亮也不再問他什麼，就要放他
走。但是孟獲脱掉一隻衣袖，露出一
隻胳膊表示自己有罪，然後撲通一
聲跪了下來哭着説：「我有罪，我該
死！**七擒七縱**，是自古以來從沒有過
的事！丞相代表着神威，實在令我佩
服，我再也不會作亂鬧事了！」

諸葛亮扶他起身，説：「你心服
口服了，這就好！」

諸葛亮設宴招待孟獲，對他講了

很多道理，孟獲深明道義，帶諸葛亮
到滇池邊發誓今後不再叛亂。

　　諸葛亮任命孟獲永為此地之王，
把攻克的土地如數歸還給他管治。有
些將領不理解這種做法，問諸葛亮為
何不像以前兩漢那樣征服夷地後屯兵
駐守，並設置蜀國官員來治理，諸葛
亮回答道：「假如我們留下官員管理
當地，一定也要留下士兵，那就要提
供糧食，這是第一件不易的事。現在
這裏剛剛經受了戰事，無數人死了父
兄，我們留下官員但不留士兵，那是
很危險的，必定會發生禍害，這是第
二件不易的事。夷人很怕漢人的重

刑，以外人來管治當地，當地人始終不會信任，這是第三件不易的事。所以我採用『不留兵、不運糧』的辦法，這樣漢夷就相安無事了。」

諸葛亮平定南中後，採取了一系列政治和經濟措施。他起用夷族中的上層分子來治理當地，所以夷人就漸漸臣服了。諸葛亮又把漢族一些先進的經濟、技術和文化帶到這裏，如勸夷人修築城堡、耕種務農、飼養桑蠶、從山林遷移到平原居住……這樣推動了當地農業生產的發展，提高了百姓生活水平。

南中各族每年向蜀國上貢金、

銀、丹、漆、牛、馬等特產，為諸葛
亮北伐提供了物資。如此，漢、夷共
處的局面相對穩定了。

第三章
嚴正執法不偏私

立法執法

諸葛亮為人重視法紀，他認為國家的興衰根本在於「法」。所以他早在受劉備委任為丞相治理蜀地之初，就和法正等人參考了秦漢舊的法律，制定了蜀國的法典《蜀科》；並親自起草了各種法令，包括《八務》、《七戒》、《六恐》、《五懼》等，明確規定哪些應做、哪些不該做。他立法公開，執法公平，對犯罪行為毫不寬容，定要加以法律制裁。他宣

布：凡是盡忠守職有益社會的人，雖
然是仇人也必定獎賞；凡是違背法
令、辦事怠慢的人雖然是親友，也必
定懲罰；認罪服罪的人，雖然罪重，
也給予寬釋；用花言巧語來掩飾自己
罪行的人，雖然罪輕，也一定處分；
善事再小也一定獎賞，罪惡再小也一
定處罰。

　　諸葛亮辦事**精幹練達**，處理事情
都從根本上着手；他崇尚實在，討厭
弄虛作假。百姓都敬畏他又愛戴他，
法令雖嚴峻，百姓卻擁護。

　　但是諸葛亮的嚴格執法也得罪
了不少人，觸犯了一些官吏的利益，

有人就在私下抱怨。有一天，法正就來勸諸葛亮，他說：「我看丞相不必如此嚴厲執法吧。記得當年秦朝就因為苛政而不得人心，漢高祖進入關中後，廢除了秦朝很多苛刻的律法，又**約法三章**不侵犯民眾利益，才贏得了民心。現在一些官吏對丞相的執法頗有微言，丞相不如稍微寬容些吧！」

　　諸葛亮回答說：「將軍是只知其一、不知其二啊！當前的形勢與秦末時期不同。先前劉璋昏庸無能，雖治理蜀地，但從未制定有效的律法，對犯罪分子沒有嚴屬的處分加刑，刑法如此鬆弛，政權怎能鞏固？劉璋實無大權，幾個大族專權恣意橫行，削弱了君主的管治力，以致國力薄弱，不經一擊。如今就要糾正這種形勢，要頒布執行嚴刑峻法，阻嚇不法分子，樹立主公威望，加強政府實力。這樣才能積蓄力量以圖發展，不然將會步前任後塵，政權就危險了！」

　　一席話說得法正口服心服。

法正雖然才智出眾，善於出謀劃策，但是他的性格中有一個很大的缺陷是心胸太窄，容不得別人批評，受了什麼冤屈不公，事後總要設法報仇。在他投奔劉備後，被授權統領軍隊，又是劉備的謀士，並治理蜀郡。手中有了權，他便對以前看不起他詆毀他的仇人報復，抓住對方犯錯而處以懲罰，還殺了一些人。有人就對諸葛亮說：「法正這樣太囂張了，丞相應該告訴主公，壓一下他的**專橫跋扈**。」

諸葛亮回答說：「現在曹大軍在北面**虎視眈眈**，東吳孫權也不時威

逼想奪荊州，家中又要留意孫夫人別
因思念家鄉東吳而萌生去意。主公的
煩心事已經夠多了。自從法正來輔佐

後，主公**如虎添翼**，法正也獲得了自由發展才智的機會，不再被人輕視、不再為人所困。他這個參謀表現卓越，為主公出了不少好主意，貢獻很大。現在他雖借權報了一些私仇，但尚未觸犯法律，為什麼要約束他，使得他不如意呢？」於是對法正這些事就沒有追究。

可見，諸葛亮執法還是有分寸的。他知道要從大局着眼、就整體利益出發，對什麼人什麼事可以容忍，對什麼人什麼事必須嚴辦。

同時，諸葛亮實行廉政建設。他認為**上樑不正下樑歪**：一間屋子

漏雨，問題在上面屋頂；屋頂有洞，下面就漏雨不止。所以官員要帶頭廉政，為百姓作出榜樣。他嚴格控制蜀漢宮城和陵墓建設的規模，不許浮華奢侈；劉禪想多選些美女充實後宮，被諸葛亮限制，說不宜多增。如此，諸葛亮本身帶頭廉政，蜀國大小官員都以他為榜樣，辦事節儉樸實，力戒奢華，營造了一個**廉政奉公**的健康氣氛。

馬謖自薦

諸葛亮執法嚴峻的典型例子，就是他忍痛下令處死違反軍令的愛

將馬謖一事。

建興六年，也即公元228年，諸葛亮大軍北伐，命令趙雲、鄧芝帶軍進攻箕谷（今陝西省漢中市北）來迷惑敵軍，魏明帝派大將曹真前來對抗；而諸葛亮親自帶兵十萬突擊祁山（今甘肅省）。蜀軍進展順利，軍容整齊、紀律嚴明，所到之處毫不擾民，深得魏國民眾好評，天水、南安、安定三郡的官兵紛紛背叛魏國投靠諸葛亮，關中深受震動。魏明帝急急**召回重臣司馬懿**來謀策，並委任張郃大將對抗諸葛亮。

諸葛亮得到司馬懿復出帶軍的情

報後大驚，說：「此人善於策謀，他一定會搶先去佔領街亭，企圖截斷我們通往漢中的要道。哪位大將甘願去守住街亭？」

諸葛亮為什麼這樣重視街亭呢？街亭在甘肅省天水郡，向前通漢中，向後退可守住隴右，是咽喉地帶。這裏南北有羣山對峙，中間平原地帶有清水泉流過，山高谷深，地勢險要，向來是兵家必爭之地。所以諸葛亮想進攻漢中，一定要守住街亭，以便需要時能進能退。

街亭如此重要，守住街亭是此次北伐戰役的關鍵，責任重大。眾將領

都面有難色，猶豫不決。此時，馬謖站出來說：「我願意去！」

　　馬謖是誰呢？他是劉備重臣馬良的弟弟，本是西昌地區的一位太守，喜讀兵書和議論軍事謀略，口才也好，談起用兵之計總是頭頭是道，頗

有見解。所以諸葛亮很賞識他，任命他為參軍，不時找他一起談論軍事問題，興之所起還會從早談到晚。劉備臨終時曾經對諸葛亮說：「馬謖此人不可大用，他常常**言過其實**、言辭浮誇，你要好好觀察他，不能委以重任。」但諸葛亮並不在意，還是很器重他，也時常想給他一些機會施展才能。

此次馬謖毛遂自薦要去守街亭，眾將聽了都嚇一跳，因為馬謖雖然有豐富的軍事知識，但是實際作戰經驗很少，能擔此重任嗎？諸葛亮也說：「你雖然通曉謀略，但是這次事關重

大。街亭那裏沒有城郭可依，多高山峻嶺，很難防守。司馬懿善於用兵，張郃又是魏國名將，我怕你對付不了他們。」

馬謖**意氣風發**，拍拍胸脯説：「我自幼熟讀兵書軍法，閱過無數戰役案例，這小小街亭怎麼會守不住？我可用性命擔保。」

諸葛亮説：「事關重大，你再好好想想，我也要考慮考慮。」

幾名老將魏延、吳壹等都來勸諸葛亮説：「這等重要關隘，不能派馬謖去！他沒經驗，誇誇其談，會壞事的。應該由資深將領出任。」

諸葛亮說：「馬謖還是有才能的，但是沒有機會給他好好發揮。這次他的鬥志很強，信心很足，讓他去實踐一下他的軍事理論吧，我看不會錯的。我會教他該怎麼做的。」

軍中無戲言。馬謖果然立下了軍令狀，表示如果不能完成任務，就願

依軍法受罰。

諸葛亮給他二萬五千人馬。臨走前，諸葛亮一再叮囑他：「一定要**靠山近水安營紮寨**，小心謹慎，不得有誤。守住街亭，就是為北伐立了第一功；街亭如果失掉，我軍必敗。所以你一定要守住！」

諸葛亮並派王平上將與馬謖一起前往。他對王平說：「你做事比較謹慎，所以托付你此重任。記住要在要道紮營，容易進退。紮營後畫個圖派人送來給我看看。」

諸葛亮還是不放心。他召來高翔將軍說：「街亭東北有座列柳城，你

帶一萬精兵去紮營。萬一街亭危急就去救援。」後來諸葛亮覺得高翔不是張郃的對手，便又派大將魏延帶了部分士兵駐守在街亭後面隨機應變。諸葛亮可算是用盡心機在幫助馬謖了。

痛斬馬謖

馬謖心高氣傲，認為自己很有才能，一心想趁此戰機表現一下自己的本事。而且他還想**標新立異**，顯示自己對戰略戰術有獨特的見解和做法。所以他到了街亭後，看了看地勢，對王平說：「丞相這次估計錯了吧？這地方荒僻，曹軍怎會來到？」

王平說：「丞相重視街亭還是有道理的，這裏是通漢中的咽喉，兵家必爭。丞相再三囑咐要靠山近水，我們要在路口紮營立寨，守住它。」

馬謖說：「在路口紮營，敵軍一眼就看到。你看，那邊的山上樹木茂密，我們在那裏安營，神不知鬼不覺的，是個隱蔽的好地方。」

王平聽了很着急，分辯說：「不能啊！在大道紮營，築起圍欄，就能有效截住敵軍。到了山上，缺乏水源，萬一魏軍圍攻，我們就無路可走了，很危險的。」

馬謖還是堅持己見：「兵書上

說：居高臨下，勢如破竹。魏兵來了，我們先下手為強，絕對能打勝仗！」

馬謖沒有按照諸葛亮的囑咐去做，而是把軍營駐紮在南山上。王平沒法勸阻他，只好提了個建議：「將軍給我一些兵馬，我到山下守住，到時有什麼情況可以互相接應。」

馬謖也不想王平在身邊絮絮叨叨地煩他，便撥給他五千士兵。於是馬謖領兩萬人馬留在山上，王平的五千士兵在離山十里處紮營，並畫了一張紮營圖派人送去給諸葛亮。諸葛亮一看紮營圖大吃一驚道：「不好了，這

次馬謖壞了大事！怎麼這樣紮營，豈不是送死！」諸葛亮知道現在再強制馬謖改變已晚，只好下令王平、魏延等支援部隊密切注意事態發展，及時救援。

　　司馬懿果真也想到了街亭的重要作用，派兒子司馬昭去探路。司馬昭到了街亭見蜀軍駐紮在山上，不禁大喜，回去對父親說：「蜀軍這樣荒謬的紮營，是天賜我軍的良機啊！」

　　司馬懿就派張郃去堵截王平，自己親領兵把南山團團圍住，同時切斷了水源和糧道，蜀軍又飢又渴，士氣下降。王平率軍想上山救援，被張郃阻擊，上不去。司馬懿還下令放火沿山一路燒上去，蜀軍大亂，有的被燒死，有的就投降了。馬謖看到形勢不妙，帶領一些士兵從西邊殺出去，但是被張郃追殺，正在危急之際，魏延

帶兵趕來，王平也殺了進來，兩股力量協力抗敵，才使馬謖衝出重圍，回到陽平關。王平令手下**連連擊鼓**，張郃以為蜀軍還有埋伏，不敢緊追，以致王平贏得時間收拾殘軍，帶領敗兵回營。

魏軍佔領了街亭和列柳城，蜀軍大敗。諸葛亮知道丟失了街亭後，再向北進軍就失去了糧草供應，萬萬不能了，只好安排退兵。

戰敗的馬謖失神落魄回到軍營，滿臉羞愧去見諸葛亮，跪下痛哭道：「丞相，我錯了，我不該不聽您的忠告，釀成了大錯，我甘受處分！」

諸葛亮也流着淚頓足歎道：「你啊你啊！滿懷信心而去，怎落得這個下場！我看你是**聰明反被聰明誤**，太自作聰明了！」

馬謖低頭跪在那裏，一言不發只是痛哭。

諸葛亮煩惱得來回踱步，一個重大的抉擇擺在他面前——諸葛亮非常看重馬謖的才能智慧，期望馬謖能在進軍北伐收復漢室的大業中助他一臂之力，這次托以重任也是想在實踐中鍛煉他，誰想到馬謖竟然自作主張違背軍令釀成大禍！他與馬謖情同父子，怎下得了決心處置他！但是軍法

如山，誰也不能違抗啊！如今全軍眼睛都望着他，要看看一向執法如山的丞相這次會如何處理這件事。

諸葛亮思索了很久，停住腳步對馬謖說：「記得嗎，臨走前你是怎麼說的？」

馬謖哭泣着說：「我……我立下了軍令狀……」

「是啊，你立下了軍令狀，這可不是兒戲之事，」諸葛亮說：「如今你不按照我的指示行事，沒能完成守住街亭這個重要任務，還損失了大量蜀兵，這是我軍北伐的首次戰役，事態嚴重啊！我，我不能不按照軍法辦事！」

　　馬謖哭倒在地：「我知道……我服罪，請丞相治我的罪……」

　　諸葛亮歎道：「唉，也只有這樣了……你這是罪有應得啊，我實在幫不了你啊！」

　　馬謖抬頭哀求道：「丞相，請答應我唯一的請求——我走了之後，請善待我的家人，他們無罪啊……」

　　諸葛亮說了一聲：「我知道。」就轉過頭去，不忍再看他了。

　　諸葛亮下令處死馬謖。馬謖臨死前大喊八個字：「**罪有應得，死而無怨！**」諸葛亮聽說後流下淚來，深深後悔當初不該沒聽取先主劉備勸解，誤用了馬謖派他出戰，不僅輸了北伐第一仗，更失了一員有才能的好將、自己的**左膀右臂**。

　　王平因為勸說馬謖和救援有功，提拔為參軍，統管兵馬和營屯之事，並升級為討寇將軍。諸葛亮自貶為右將軍，兼任丞相職務。

第四章
智鬥強敵司馬懿

—— 空城退敵 ——

街亭失守，諸葛亮召集各將領急急商量下一步。他說：「這北伐的第一仗沒打響，現在我們是不能前進了。」

有位激進的將領發言道：「這次主要是馬將軍違背軍令造成了損失，其他將領都率兵打得很好，先前收復三郡震動了關中，這說明我們的實力還是很不錯的。何不我們再重新分配軍力繼續東進？」

　　諸葛亮分析道：「目前主要的糧道已經被魏軍破壞，這是出征的第一大忌，大家都知道打仗前**糧草要先行**的。而且，曹魏現在趁着得勢，肯定要進一步行動。為了保存實力，我們要儘快安排撤回部隊。」

　　眾將點頭稱是。於是諸葛亮安排：「先下令各路人馬不必戀戰，儘快往回趕。張苞（張飛之子）、關興（關羽之子），你倆各領三千名兵馬沿着武功山小路走，只是作為疑兵，遇到魏軍不要交戰，就**擂鼓吶喊**起些驚嚇作用。魏軍退後，你們就速速撤回陽平關。姜維、馬岱，你倆領

兵埋伏在山谷，掩護各路撤退人馬，必要時出手援助，完成任務後收兵回來。」

有將領提醒諸葛亮：「西城還有大批糧食，看來魏軍不會放過，要派人去速運出來。」

諸葛亮說：「此事關係重大，我會親自去辦理。大家各行其事吧。」

＊　　　＊　　　＊　　　＊

現在魏軍的主將是司馬懿，這也是諸葛亮甚為擔憂的一件事。這司馬懿是什麼人呢，為什麼會令諸葛亮憂心忡忡？

司馬懿可不是個簡單人物。他是

魏國舉足輕重的權臣、政治家和軍事家，能**深謀遠慮**，極有智謀，曾設計擊敗關羽、多次打勝東吳，連諸葛亮都敬畏他幾分。司馬懿曾經被反間計所害而被貶，但是諸葛亮一開始北伐，魏明帝曹叡就又請出他來作戰，任命他為平西都督，第一仗就使諸葛

亮丟了街亭又失了馬謖。所以繼周瑜之後，司馬懿就是能與諸葛亮鬥智對抗的唯一強敵了。

諸葛亮安排好兵力，部隊就分散出發，有的去埋伏、有的去斷後、有的去對抗，諸葛亮則親自帶領五千人去西城搬運糧草。剛搬了一半，騎兵飛速來報告說：司馬懿率領十五萬大軍向西城直奔而來。

諸葛亮算準司馬懿會**乘勝追擊**，想不到來得這麼快。此時諸葛亮身邊只有二千五百士兵、一羣文官和婦孺老殘，大將們都派出去了，整個西城找不到一個可以指揮戰鬥的大將。情

況非常緊急。

諸葛亮和眾官員登上城頭望去，只見遠處煙塵滾滾，大隊兵馬正分兩路向這邊衝殺而來。官員們嚇得驚慌失色，**面面相覷**，覺得只有死路一條了。

諸葛亮稍加思索，就不慌不忙說：「大家不必驚慌，一切聽我安排，我自有退兵之計。」他接着下令道：「收下城門上的所有旌旗，官兵各守崗位，不得任意走動和喧嘩。打開四邊城門，每個城門口派二十名兵士扮作百姓，清掃街道。」

一眾官員不知諸葛亮**葫蘆裏賣的**

是什麼藥，只得一切照辦。

安排妥當後，諸葛亮自己身披鶴氅、頭戴綸巾，帶着兩名小童登上城樓。他命人搬來古琴，點燃了香，悠然自得地彈起琴來。兩名小童在他身旁兩側搧着扇子。

魏軍浩浩蕩蕩來到西城門前，不見一名蜀兵，只見丞相在撫琴作樂，心中都覺得奇怪，不敢馬上衝城，便去向司馬懿報告。司馬懿聽了起初不相信會有這等事，便與兒子司馬昭一起騎馬來到陣前遠望，果然眼中所見正如報告的那樣——諸葛亮正清閒地自尋其樂，好像全然沒有發生什麼

事。司馬懿好生疑惑，猶豫不前。

司馬昭説：「諸葛亮是不是在假裝鎮靜，來迷惑我們？可能他現在手頭沒兵，我們衝進去吧！」

司馬懿沉思着説：「我想不會吧，諸葛亮是個謹慎小心的人，一向不會冒險。他竟敢對我們大開城門，城中一定有埋伏，別中了他的計，趕快撤退吧！」

司馬懿一聲令下，隊伍向後一轉，隊尾變成隊首，兩路人馬即刻向後退去。

司馬懿的部隊一走，諸葛亮就撫掌大笑：「司馬懿知道我處事謹慎，

所以他不敢貿然進城。我是不喜歡冒險的，今天此舉實屬迫不得已，要不然我們這二千五百兵力怎麼敵得過他千軍萬馬？好，現在我們就帶着百姓走吧，估計司馬懿還會來西城的。」說着，這兩千多士兵就帶領西城官兵百姓不慌不忙地向漢中撤去。

諸葛亮早就估計到司馬懿會從山北小路撤退，剛才趁司馬懿猶豫的時候，他已經召回關興和張苞帶兵在那裏等候。魏軍退到這裏，只聽得山坡後面**鼓聲大作、殺聲連天**，關、張兩路人馬分頭殺來，司馬懿更加相信自己的估計是對的。他不知這裏有

多少蜀兵埋伏，不敢應戰，只好扔下物資退走。將領一走，魏兵們紛紛丟盔棄甲，慌忙逃跑。諸葛亮早就囑咐關、張不必追趕，帶上俘獲的糧草兵器，沒損失一兵一卒，高高興興地回到陽平關。

過了兩天，司馬懿知道諸葛亮已經回到漢中，便又帶兵去西城。進城打聽後才知道那天城中其實只有二千五百士兵，沒有一員武將，也沒有埋伏；武功山上的百姓也說蜀軍的埋伏只有三千人，他們只是擂鼓虛張聲勢，根本不敢與魏國大軍交戰。司馬懿知道自己中了諸葛亮的**空城計**，

悔恨莫及，仰天長歎：「我確實不及
諸葛亮啊！」

二呈出師表

建興五年第一次北伐時，諸葛亮
在出發前曾經向後主呈上一份《出師
表》。表，是臣子上呈給君主的奏
章。諸葛亮在文中分析了目前天下三
分的形勢，指出蜀國現在還屬弱小，
正處在生死存亡的危急關頭，要繼承
先主遺志北伐抗魏、興復漢室，才是
生存之道。諸葛亮情真意切地告誡後
主不要**妄自菲薄**，要**廣開言路**、**賞
罰分明**、**親賢臣遠小人**。諸葛亮並

回顧了先主的知遇之恩，表示要報答先主、盡忠後主、興師北伐的決心。

街亭失守，北伐失敗，諸葛亮回到漢中後就向後主上疏說：「我的才能低下，不配擔任丞相的職務。街亭之戰的指揮錯誤是我用人不當，沒有知人之明，我應負起主要責任，請陛下貶我三級以示懲罰。」

後主接見他，安慰說：「**輸贏乃兵家常事**，街亭之戰你已盡力做了最好安排，馬謖違令實屬意外，亦是他個人之錯，丞相不必太自責。」

諸葛亮堅持己見：「根據《春秋》教導，兵敗就要責罰主帥，我的錯誤不可原諒，責任不能推卸。何況，臨走前呈上的《出師表》中已說，願陛下委托我聲討奸賊興復漢室之任務，若不能完成，就治我的罪，以告慰先帝的英靈。陛下可要按法治國啊！」

後主執拗不過他。於是諸葛亮自貶三級，降為右將軍，但依舊統理政事，代行丞相職務。

這是公元227年春天的事。此後諸葛亮在漢中積極訓練軍隊、囤積糧草、製造軍器，準備下一次的北伐。

蜀國五虎將中，在關羽、張飛、黃忠、馬超四人幾年內相繼戰死或病逝之後，趙雲也在那年秋天患病去世。諸葛亮感到老將一一離去，北征之事越來越緊迫，就要發動第二次北伐。

但是當諸葛亮與眾將領商議時，很多將軍說：「趙雲大將剛離去，大損部隊實力，於士氣也不利，還是別**輕舉妄動**吧。」

諸葛亮回答說：「正是因為老將都已離去，我們要繼承他們的遺志，

加速進行北伐，來完成先主遺願。經

過這半年的整頓，目前我軍兵強馬

壯，糧草也豐足，有條件再進軍。」

　　聽諸葛亮這麼一說，很多將軍都

點頭稱是。諸葛亮繼續分析道：「諸

位也看到了，近日魏國和東吳又發生

了戰事，曹休等帶領十多萬大軍三路南下皖城，中了孫權圈套，損失了一萬多人馬和**輜重***。魏國大軍現在正緊急東下求援，所以關中地區一定空虛，這是我們進攻的天賜良機啊！**時不可失，機不再來**，我們迅速行動吧！」

將軍們都被諸葛亮說服了。於是諸葛亮再次上表給後主表示他的北伐決心，諸葛亮說：「為了不辜負先主的重托、實現先主的遺願，我願意鞠躬盡瘁、死而後已。至於此事成功或

***輜重**：跟隨作戰部隊行動，並對作戰部隊提供後勤補給、後送、保養等勤務支援的必要人員、裝備與車輛。輜，粵音姿。

失敗，非我所能決定的。」

　　後人按時間次序把這兩道表書分別稱為《前出師表》和《後出師表》，兩道表書都是名篇，尤其是《後出師表》中的名句「**鞠躬盡瘁，死而後已**」，充分顯示了諸葛亮的滿腔愛國熱情，以及一生為漢家朝廷效力的忠誠。

接二連三

　　魏國大軍南下直奔荊州，對東吳造成很大壓力，孫權向蜀國求援。**聯合東吳抗魏**，這是諸葛亮一貫的主張。所以這更促使諸葛亮下決心出兵

北伐，以減輕東吳的壓力。公元228年，諸葛亮親領三十萬人馬出征，二出祁山，攻伐魏國。

出發前商議作戰路線時，諸葛亮明確指出：「上次街亭失守，造成了我軍運送糧草的困難，所以這次我們要改走陳倉古道。聽說陳倉城垣破舊，比較易攻，奪得陳倉後可作為攻打長安的中轉站。」

魏軍那邊，司馬懿也估計到諸葛亮這次的進軍路線會改為從嘉陵谷直奔陳倉，就派郝昭大將防守陳倉，並面授郝昭幾招對付諸葛亮攻城的辦法。郝昭帶領三千人在陳倉修築工

事、加固城牆，做好防禦準備。

　　諸葛亮帶兵來到陳倉，眼見陳倉並不像聽聞的那樣破舊，心中暗暗吃驚。於是他先使出第一招——向郝昭**招降**。他派出官員手持招降書進城見郝昭。官員回來稟報說：「郝將軍斷然拒絕了，說**英雄好漢戰場上見**。」

　　諸葛亮說：「好啊，他敬酒不吃吃罰酒，那我們就來真格的！」

　　諸葛亮下令在陳倉城牆四周架起雲梯，士兵**爬梯攻城**。誰知郝昭早就依照司馬懿指示準備了對策——把燒熱的油從城牆上往下傾倒，正在爬梯的蜀軍被熱油燙得痛苦不堪，死傷不

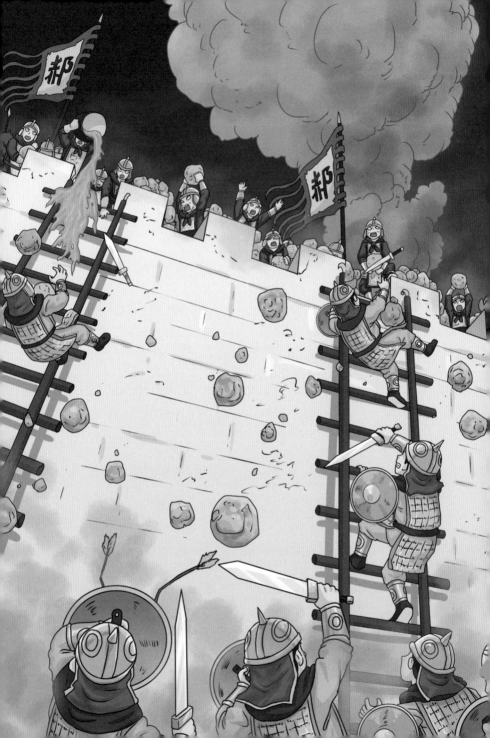

少，喪失了戰鬥力。

諸葛亮得知雲梯戰術失敗，便下令：「使用第二招——**衝車法**，開動戰車！」士兵駕着戰車硬闖城門，但是魏軍用繩索綁住石磨從城牆上吊下來砸壞了戰車，駕車士兵也被砸得頭破血流。諸葛亮便出動高塔，用亂箭射向守軍；同時運來土石填平護城河，打算讓士兵直接攀牆進城。但是郝昭也有對付辦法：他在城內另建起一道牆來抵擋。

諸葛亮的幾招強攻都宣告失效，他心中也暗歎司馬懿的**防守有方**。於是便使出最後一招，下令：「開挖

地道，神不知鬼不覺地從地底下進城！」

誰知魏軍也早就料到諸葛亮會使出這一招，便也在地下挖水溝阻截，地道戰也就行不通了。

屢屢聽到不利的戰報，諸葛亮心情不免沮喪，他對手下將領說：「想不到本來以為易攻下的陳倉，竟拖延了這麼久！看來我低估司馬懿了！」

這時糧草官來報告說：「糧草儲量不多了，請丞相儘快調配！」

原來諸葛亮以為此次戰役能速戰速決，所以只準備了一個月的糧草。誰知郝昭守城支撐了這麼久，蜀軍如

今面臨斷糧的危境了。無奈之下，諸葛亮只得宣布：「罷了，這次失算了，退軍吧！」

司馬懿大喜，報告魏王說：「諸葛亮即將退兵，這場戰役我們以少勝多，打贏了！」他下令魏軍守好各個關口，千萬不要以有限的兵力追趕蜀軍。

但是郝昭手下一名叫王雙的將領求功心切，帶兵追趕上來。諸葛亮得知後高興地說：「他這是**自投羅網**，要前來送死？好，成全他吧！」諸葛亮派老將魏延去對付他。當王雙闖入蜀營時，被早就埋伏着的魏延衝出來一刀砍下了腦袋。這是諸葛亮第二次北伐後獲得的唯一小小戰利品。

＊　　　＊　　　＊　　　＊

公元229年，四十八歲的吳王孫權在金陵稱帝，國號吳。他派人入川，要和蜀國結盟共同抗魏。

蜀國大臣們在商議是否接受吳國建議時，很多大臣都反對，說：「孫

權稱帝是**大逆不道**的事，不能與他結盟，我們遲早要消滅他的。」

但是諸葛亮卻另有看法：「**三分天下**的局勢其實早就存在，繼魏國、蜀國之後，孫權建立吳國是遲早的事。他要求結盟是好事，請後主趕快派人去祝賀，並趁機請吳國派陸遜出兵伐魏，說我們也會同時北伐。到時司馬懿一定會先出兵對付吳國，關中實力空虛，我們就可三出祁山去攻打長安了。」

後主劉禪接受了諸葛亮的主張，派了由高級使節帶領的賀喜隊，帶了很多名馬、珠寶等珍貴的禮物去吳國

道喜，並與孫權訂立盟約，相約將來
消滅魏國後如何瓜分土地。

　　陸遜雖然被分派到從東邊攻打魏
國的任務，但是他心知肚明這是諸葛
亮的計策，所以他表面上加緊練兵做
作戰準備，其實是想等諸葛亮先攻打
魏國，然後他趁機進軍中原。

　　這時，諸葛亮聽說魏將郝昭病
重，高興得拍桌而起：「天賜良機
也！司馬懿一定會派新將來代替郝昭
的軍務。我們就趁此魏軍混亂之際出
征吧！」

　　諸葛亮帶兵三出祁山，收復了陳
倉，並攻佔了魏蜀交界處的武都和陰

平兩個郡，**大獲全勝**。

　　回營後，後主下詔書給諸葛亮說：「街亭戰役之罪是在馬謖，而你深為自責，並要自貶，我就聽從了你的要求。去年出征斬殺了王雙，今年又收復了兩郡和多地，功勳顯著。現

今天下首惡未除，你身負重任，要主持國家大事，不能長久退讓。現恢復你的丞相職務，請你不要推辭。」於是諸葛亮官復原職。

但是張飛的兒子張苞將軍在追殺魏將時不慎跌進山溝，身受重傷而死。諸葛亮聽聞噩耗後口吐鮮血，暈倒在地。過度的傷心和長年的疲勞使諸葛亮也病倒了，部隊就不再前進，退回漢中。諸葛亮的**健康也就此滑向下坡**。

第五章
鞠躬盡瘁五丈原

多次北伐

魏明帝曹叡見陳倉等地失守，很多將領陣亡；東吳又和蜀國聯手，若是兩邊夾攻，魏國就危險了。他心中着急，此時大將軍大司馬曹真又病倒，魏明帝就召大將司馬懿來商議。

司馬懿分析說：「東吳聯合蜀國只是做做表面文章，不是真心誠意的。我們只要集中力量對付諸葛亮就行。」

魏明帝說：「要對付諸葛亮，那

是非你莫屬了！」他立即任命司馬懿為參謀總長。

司馬懿**心思慎密**，怕病中的曹真心中不快，就想了個辦法，他對魏明帝説：「請陛下借我印信一用。」他拿了明帝的印信去見曹真，獲得曹真點頭同意後才上任。

司馬懿**求功心切**，待曹真身體復原後就建議道：「趁諸葛亮尚未再次發動北伐，不如我們主動出擊，去奪回陳倉。」

公元230年秋天，四十萬魏軍分三路出長安進攻漢中：司馬懿出西城、張郃出子午谷、曹真出斜谷。

　　病情好轉的諸葛亮接到軍報後表現得很輕鬆，他派張嶷和王平各帶一千名士兵去抵禦。張、王兩人面面相覷，質疑道：「我們這二千人馬怎能抵擋四十萬魏軍？丞相不是要我們去送死吧？」

　　諸葛亮笑笑說：「兩位將軍不必擔心。近日我觀察天象，知道將會有一個月的暴雨，到時你們就看魏軍的好戲吧！等他們狼狽撤退時，你們就用十萬人馬去追擊，勝利就到手了！」

　　果然，魏軍抵達陳倉不久，天降大雨，連續下了一個月，山上土石

崩裂，泥石俱下，堵住山路，運輸不便；城外水深三尺，魏軍帳篷、彈藥武器都泡了水，糧草斷絕。士兵又濕又餓，**怨聲連連**。司馬懿不得不下令撤退。

此時諸葛亮命令王平等人不必追趕，說：「司馬懿一定會留下埋伏，我們讓他退得遠一些，趁機出斜谷再攻祁山。」

有人問：「丞相為何總想走祁山此路，而不用其他通達長安的路線呢？」

諸葛亮答道：「祁山前有渭水，後靠斜谷，是**埋兵用武**的理想地方。

我們攻長安，魏軍來攻我們，祁山都是必經之路。所以一定要佔領這個有利的地理位置。」

諸葛亮派魏延去箕谷，王平去斜谷埋伏，約定兩路人馬在祁山會合；關興、廖化作先鋒，**諸葛亮自己率領大軍**進行第四次北伐。

司馬懿也料到諸葛亮會從箕谷和斜谷出兵，於是他也兵分兩路去兩谷防守。魏延不聽諸葛亮警告，沒防備魏兵在箕谷的埋伏，五千人馬被打得七零八落，魏延只得逃命。諸葛亮接到軍報後卻沒有生氣，只說：「不要緊，我們還有斜谷的人馬呢，加強支

援他們。」

防守斜谷的魏將曹真犯了跟魏延同樣的錯誤，對蜀兵埋伏的警覺性不高，也不相信諸葛亮又要來奪取祁山。結果諸葛亮率軍佔領了祁山險地，蜀兵四面包圍了魏軍，副將秦良被俘，曹真得司馬懿出兵援助，才得以脫險，退到渭水邊紮營。曹真想不到自己遭此慘敗，**無比羞愧**，加上驚恐萬分，竟又病倒。諸葛亮聽聞後微笑不語，提筆寫了一封信送給曹真，信中不甚友好地諷刺了他一番，曹真閱信後又氣憤又惱怒，當晚就**氣絕身亡**。

主將曹真離世，魏軍方面就由大將軍司馬懿接管最高統帥的職務。司馬懿和張郃率領主力軍向西挺進，去救援祁山。

諸葛亮找來糧官李嚴，鄭重交代：「我們大軍去與魏軍在祁山決戰，你負責在後方留守，督運糧草輜重，千萬不能出錯。**大軍勝敗之關鍵**在於你們的工作。」李嚴領命而去。

魏蜀兩軍在渭水邊相遇，一陣交戰後魏軍大敗，退到渭水南岸，司馬懿死守在那裏，拒不出兵作戰。

蜀軍這邊又是糧草出了問題——

據守白帝城的李嚴派手下苟安押送糧草去祁山，苟安卻因喝醉了酒而耽誤了，糧草遲了十天才送到。諸葛亮大怒說：「糧草是軍隊的命，遲送三天就要砍頭，現在遲了十天，快拉出去殺了！」

諸葛亮身邊的官員勸說道：「苟安是李嚴手下的得力運糧官，一向辦事認真，此次尚屬意外。若是殺了他，怕是以後沒人敢運糧了。丞相就饒了他這次吧！」

諸葛亮覺得有理，就免了苟安的死罪，改為鞭打八十下。誰知苟安挨了打心中不服，去投奔魏軍了。

司馬懿對苟安的投誠半信半疑，就要他辦一件大事來證明他的誠心。苟安回到成都後立即到處散布謠言，說諸葛亮手掌軍權想要**叛變奪位**，官員們就要後主劉禪召回諸葛亮。劉禪是個糊塗君主，本無主見，聽信後就

下令諸葛亮撤軍回成都。

諸葛亮接到詔書後很不解，與眾將領商議道：「我們打得好好的，為什麼要我們撤軍呢？」

有人猜測：「可能是後主那裏發生了什麼重大的事件，需要丞相回去商量解決。」

諸葛亮歎道：「肯定後主身邊有小人進了**讒言**！本來勝利在望，只要堅持一下就能成大業。現在退了兵，何時才能再有如此的機會啊！」

有將領說：「反正目前魏軍也不肯出戰，我們呆在這裏無所事事，軍內糧草也將告絕，不如回去休整一下。」

　　糧草是個現實問題，加上君命當然不能違背，諸葛亮只好服從命令撤退。但畢竟是不同凡人的諸葛亮，臨走前他還要**略施小計**玩玩司馬懿：他下令士兵每天在營裏多挖一些軍灶，造成兵力不斷增加的假象。司馬懿果然中計，眼見蜀軍後退卻不敢追趕，使得諸葛亮大軍平安撤回。事後司馬懿發現自己又上了諸葛亮的當，只好帶兵返回洛陽。

　　諸葛亮回到成都後問劉禪：「陛下有何大事要召回臣？本已得了祁山，可進一步攻向長安，可惜啊！」

　　劉禪只好直告是身邊官員的主

意，說自己現在也很後悔。諸葛亮查出是苟安搞的鬼，但苟安已逃亡魏國，治不了他的罪。於是懲罰了幾名傳播謠言的官員後，諸葛亮就回到漢中，**準備再一次北伐**。

木牛流馬

諸葛亮想到四次北伐都因為糧草供應問題而受波折，所以要取得勝利必須首先考慮如何解決此事。他想出一個辦法——趁秋天收穫季節進行第五次北伐，一邊作戰一邊就地收割田地的成熟莊稼來解決軍糧問題。他還命令士兵沿着渭水一路**開荒屯田**，生

產糧食。蜀軍士氣旺盛，步步向北推
進，形勢大好。

　　但是正在此時，糧官李嚴為了
掩飾自己運糧不力的過失，竟偽造了
一份情報，說是東吳聯合魏國要進攻

西川。諸葛亮收到這份情報只得收兵回成都，急急去見後主商議對策。但劉禪說：「根本沒有這回事。而且李嚴剛才還來過，說是他已經準備好軍糧待運，不知道為什麼丞相帶兵回來了。」

諸葛亮一聽，就知道又是運糧官弄出的花招，盛怒道：「作為朝廷重臣，怎能辦事如兒戲，假話連連，文過飾非，誤我北伐大業，定斬不可！」

劉禪得知實情後也非常生氣，下令要殺李嚴。後來考慮到李嚴是先主劉備當年托孤的大臣之一，多年來勞

苦功高，不忍殺了他，就把他貶為平民，趕出朝廷。

諸葛亮也知道這幾次北伐都在山區作戰，運送糧草的確不易，時有延誤的情況發生。他就動腦筋設法改良運糧方法。

公元234年，諸葛亮派三十多萬兵力分五路再次討伐魏國。司馬懿**不敢怠慢**，帶兵四十萬迎戰。他深知蜀軍運糧不易，採取堅守的戰術，等待蜀軍糧盡彈絕不得不撤兵的一天。

但是這次諸葛亮早已有解決辦法——他在西川購買了大量上等木料，命令一千名隨軍木匠按照一張畫

好的圖紙製造「**木牛**」和「**流馬**」。眾將領不明所以，紛紛提問：「這些是什麼東西？有什麼用？」

諸葛亮笑道：「這是對付司馬懿的法寶，暫且保密，等東西製作出來後你們就會明白。」

幾天之後，東西做出來了，諸葛亮親自示範講解：木牛，是帶四條木腳的獨輪小車，形狀像牛，方形的腹部可以放置**一個士兵一年的用糧**。車身狹窄，方便在山間小路行進，每天可走數十里，也可立地停放。流馬，是擴大了的木牛，有四個輪子和兩根槓桿，形狀像馬，上面可以**放置**

四石六斗*糧食，由四人推動。

　　這兩個工具非常好用，一千名士兵推着木牛和流馬來回運糧，保證了糧食供應，士氣大為提高。

*四石六斗：「石」和「斗」是古代重量單位，四石六斗約為六十九公斤。

司馬懿知道後很吃驚，吩咐手下將領說：「派人去搶截他們的運糧隊，搶幾架車回來。」

搶回來之後，百多名木匠**依樣畫葫蘆**，也造出了一百多架這樣的木車運糧。

諸葛亮聽説後非常高興：「我正是等他來搶。等着吧，看司馬懿怎樣為我們送糧！」

諸葛亮把王平將軍叫來，吩咐他如此如此做。王平帶一千人馬去葫蘆口山谷攔截魏軍的運糧隊，把魏軍士兵打散後趕着木牛流馬往回走。等魏兵追上來時，蜀兵把木牛、流馬的舌頭扭轉後

自己撤退，**小車就不能走動了**，魏兵搶不回運糧車，驚訝無比；此時蜀兵殺出來把魏兵趕跑，然後再把木牛流馬的舌頭扭轉過來，**就推着小車往前走。**魏兵看了覺得奇怪，懷疑蜀軍有神力相助，就不敢追趕了。

這次戰役中魏兵被殺一半，蜀軍奪得一萬多石糧食，軍心振奮。司馬懿連打敗仗，不敢再輕易出戰。

除此之外，諸葛亮還有**多項發明**，譬如報信用的孔明燈、迷惑敵人的八卦陣、**榫卯***結構的孔明鎖，還有

---

*榫卯：傳統木工中接合兩個或多個構件的方式。凸出部分稱為「榫」（粵音筍），凹入部分則稱為「卯」（粵音牡）。

孔明茶、孔明菜等等。諸葛亮不僅是傑出的政治家、軍事家，還是一位優秀的**發明家**呢！

最後一仗

葫蘆口一戰獲勝後，諸葛亮又一次北伐。這次他沒走祁山，而是從漢中沿着褒斜谷向北直上，把大本營向東推進到渭水邊的五丈原，蜀軍和魏軍隔水相望，對峙一百多天。任憑蜀軍如何挑戰，司馬懿就是不回應。

諸葛亮派使者去見司馬懿，促他出戰。司馬懿款待使者，問：「蜀相最近的起居情況怎樣？」

使者沒有防備，直率道：「丞相很忙，**凡事親力親為**，連鞭笞士兵的事都要過問。」

「他吃得多嗎？睡得好嗎？」司馬懿問。

「丞相忙碌如此，吃得很少，根本沒有什麼時間去睡。」

事後司馬懿對部下將領們說：「諸葛亮這樣勞累，活不長了！」

使者回去向諸葛亮報告了出使情況和司馬懿的問話，諸葛亮長歎一聲：「**司馬懿很了解我啊！**」

此時東吳停止了伐魏，向南撤退了。看來魏國將會集中力量來對付

蜀國。諸葛亮知道自己恢復中原的目標已經沒法實現了，而且他也感到自己的體力一天天衰弱，難以再進行征伐。於是他**開始安排後事**。

諸葛亮把自己用的兵書交給姜維，並傳授兵法絕招；他教予楊儀一些辦理後事的錦囊妙計；並寫了給後主劉禪的遺表。

積勞成疾的諸葛亮於公元234年八月**病逝在五丈原軍營中**，享年五十四歲。楊儀按照諸葛亮的妙計行動：軍中一切如常，對死訊保密。當蜀軍開始撤退時，司馬懿估計諸葛亮已經不在人世，就帶兵追擊。兩軍很

接近時，蜀軍忽然戰鼓齊鳴，士兵亮出諸葛亮的大旗，推出端坐在車中的諸葛亮木像。司馬懿以為這又是諸葛亮的突擊計謀，只好收兵。蜀軍才得以從褒斜谷平安退回。當地民眾就此事流傳了「**死諸葛嚇走活司馬**」的俗語。

事後司馬懿視察諸葛亮布置的軍營陣地，感歎說：「真是天下奇才！」

諸葛亮自從走出琅邪山輔佐劉備，**一心盡忠報國，不謀私利，一生清廉**。死後留給子孫的僅是在成都的桑樹八百棵、薄田十五頃，家中沒

有多餘的錢財。他帶軍每到一處都屯田產糧，不擾民眾，還為當地開拓農田、興修水利辦好事，**深受百姓愛戴**。

諸葛亮集政治、軍事、外交等才能於一身，是中國傳統文化中「**忠臣**」與「**智者**」的代表，是永遠鮮活在後人心中的英雄人物。

劉備仁義厚道，眾人襄助鼎足三國

下冊預告

　　諸葛亮一生盡忠報國，他竭力輔佐的劉備到底是個怎樣的人？別急，下冊的主角將是劉備，娓娓道來他的經歷與事跡！

　　劉備為三國時期蜀漢的開國君主。他作為漢景帝的後裔，早年雖家境貧困，與母親相依，但胸懷大志，拜師大儒盧植門下。

　　與關羽、張飛結拜為兄弟後，得二人襄助，劉備立下戰功初次拜官，後來又先後接下平原相、徐州牧等官職，看似一帆風順之際，卻被呂布連連打敗……

欲知後事如何，且看《三國風雲人物傳3》！

三國風雲人物傳 2
諸葛亮的神機妙算

作　　者：宋詒瑞
插　　圖：二三
責任編輯：林可欣
美術設計：李成宇
出　　版：新雅文化事業有限公司
　　　　　香港英皇道 499 號北角工業大廈 18 樓
　　　　　電話：(852) 2138 7998
　　　　　傳真：(852) 2597 4003
　　　　　網址：http://www.sunya.com.hk
　　　　　電郵：marketing@sunya.com.hk
發　　行：香港聯合書刊物流有限公司
　　　　　香港荃灣德士古道 220-248 號荃灣工業中心 16 樓
　　　　　電話：(852) 2150 2100
　　　　　傳真：(852) 2407 3062
　　　　　電郵：info@suplogistics.com.hk
印　　刷：中華商務彩色印刷有限公司
　　　　　香港新界大埔汀麗路 36 號
版　　次：二〇二一年十月初版
　　　　　二〇二二年十月第二次印刷

ISBN: 978-962-08-7873-2